초등 학교

한자 字
漢

2

상서각

◈ 일러두기 ◈

♣ 이 책은 초등학교 재량활동 시간에 실시하는 漢字 교육용 교재로 활용하기 위해 만든 것으로 6단계 중 2단계입니다. 2단계는 초등학교 2학년 수준을 1권으로 엮었습니다.

♣ 이 책은 중학교와의 연계성을 고려하여 가능한 한 중학교 교육용 漢字 범위 내에서 일상 생활에서 많이 사용되는 漢字와 한자어를 선정하였습니다.

♣ 이 책은 총 6단원으로 꾸며졌습니다. 1단원은 6시간 학습량으로 다음과 같은 체제가 반복되므로 지도선생님께서는 참고하여 주시기 바랍니다.

기본 학습 ➡ 탐구 학습(1) ➡ 읽기·쓰기 학습(1) ➡ 활용 학습(1) ➡ 연습 문제(1) ➡ 놀이 학습(1)
|--------- (1시간) ---------| |---------- (1시간) -----------| |--------- (1시간) ---------|

기본 학습 ➡ 탐구 학습(2) ➡ 읽기·쓰기 학습(2) ➡ 활용 학습(2) ➡ 연습 문제(2) ➡ 놀이 학습(2)
|--------- (1시간) ---------| |---------- (1시간) -----------| |--------- (1시간) ---------|

기본 학습

학습 목표를 제시하고 학습 상황을 설정하여 새로 배워야 할 漢字를 개념적으로 익히도록 하였습니다.

탐구 학습

자원 풀이는 2학년임을 감안하여 글자의 뜻을 쉽게 이해하고 오래 기억하도록 하기 위해 탐구 학습 활동 측면에서 다루었습니다.

 읽기 · 쓰기 학습

　　새로 배우는 漢字의 뜻과 음을 소리내며 한글로 쓰는 과정을 두어 일반 교재의 소홀한 점을 보완하였고 필순에 따라 쓰는 과정을 통해 익히도록 하였습니다.

 활용 학습

　　漢字를 익힌 후에 배운 漢字가 들어간 한자어를 제시하여 일상 생활에서 사용되는 예를 들어 문장 속에서 漢字를 익히도록 하였으며, 한자어를 쉽게 풀이하였고 한자 생각 늘리기를 통해 한자에 대한 이해를 넓히도록 하였습니다.

 연습 문제

　　한 단원을 마치고 학습한 漢字를 연습 문제를 통해 익히고 어느 정도 알고 있는지 스스로 확인해 보도록 하였습니다. 쉬운 漢字는 쓰는 문제까지 제시하였으나 대부분이 뜻과 음을 적는 수준으로 하였습니다.

 놀이 학습

　　지금까지 학습 과정을 거치는 동안 읽고 쓰는 데 중점을 두었기 때문에 흥미도를 높이기 위해 놀이, 게임, 이야기 자료 등을 통해 漢字 공부에 대한 친근감과 학습 효과를 높이도록 하였습니다. 놀이 학습을 강조한 점이 이 책의 특징이라 할 수 있습니다.

◎ 단원 지도 계획 ◎

		단원명	지도 쪽수	시간	비고
1		하늘과 땅	14, 16	1	
			17, 18	1	
			19, 20, 21	1	
			15, 22	1	
			23, 24	1	
			25, 26, 27	1	
2		어느 정도인가요	28, 30	1	
			31, 32	1	
			33, 34, 35	1	
			29, 36	1	
			37, 38	1	
			39, 40, 41	1	
3		나의 몸	42, 44	1	
			45, 46	1	
			47, 48, 49	1	
			43, 50	1	
			51, 52	1	
			53, 54, 55	1	
4		화목한 가족	56, 58	1	
			59, 60	1	
			61, 62, 63	1	
			57, 64	1	
			65, 66	1	
			67, 68, 69	1	
5		동물 나라	70, 72	1	
			73, 74	1	
			75, 76, 77	1	
			71, 78	1	
			79, 80	1	
			81, 82, 83	1	
6		우리 집은 어디에	84, 86	1	
			87, 88	1	
			89, 90, 91	1	
			85, 92	1	
			93, 94	1	
			95, 96, 97	1	
계				36	

❋ 차 례 ❋

漢字의 유래

갑골문자가 새겨져 있는 짐승의 뼈

그 후 지금으로부터 약 3500년 전에 은나라 시대에 나라에 큰 행사가 있을 때 거북의 배딱지나 짐승의 뼈로 점을 쳐서 그 결과를 거북의 등딱지나 짐승의 뼈에 새겨 두었단다.

은나라 이후 주나라는 문자를 청동이나 비석에 새겼는데 이를 금문(금속에 새겨진 문자)이라고 한단다.

현재 금문은 약 2,600자 정도 전해지고 있단다.

지금 우리가 쓰고 있는 한자는 약 2200년 전 진나라를 거쳐 한나라가 세워진 후에 잘 다듬어져 오늘날 쓰는 한자의 모양이 되었는데, 약 60,000자가 있단다.

한자 쓰는 순서

◆ 한자를 쓰는 순서를 필순이라고 하는데, 이 필순을 제대로 이해하고 있으면 자연스럽게 한자를 써내려 갈 수 있으며, 한자의 구조를 이해하거나 글자를 예쁘게 쓰는 데 큰 도움이 됩니다.

1. 위에서 아래로 씁니다.

    一   二   三

2. 왼쪽에서 오른쪽으로 씁니다.

    丿   川   川

3. 가로, 세로가 교차될 때에는 가로 획을 먼저 씁니다.

    一   十   土

4. 좌우가 대치되는 글자는 가운데를 먼저 쓰고 왼쪽, 오른쪽의 순서대로 씁니다.

    亅   小   小

5. 몸과 안이 있을 때에는 몸부터 씁니다.

    冂   冂   同

6. 에워싼 글자는 안을 먼저 쓰고, 마지막에 닫습니다.

冂　國　國

7. 가운데를 꿰뚫는 획은 나중에 씁니다.

冂　口　中

8. 허리를 끊는 획은 나중에 씁니다.

乚　勹　母　母

9. 아래로 에운 획은 나중에 씁니다.

ㄱ　力　也

10. 위에서 아래로 에워싼 획은 먼저 씁니다.

ㄱ　力

11. 받침은 나중에 씁니다.

厂　斤　近

12. 오른쪽 위에 있는 점은 맨 나중에 씁니다.

一　大　犬

1. 하늘과 땅

◆ 자연을 나타내는 한자(漢字)를 알아봅시다.

自　　　　然

天　　　地　　　星

새 로 배 우 는 한 자

自 (자) 스스로　　　然 (연) 그러하다　　　天 (천) 하늘

地 (지) 땅　　　星 (성) 별

새 로 배 우 는 한 자

內 (내) 안   外 (외) 바깥   遠 (원) 멀다

近 (근) 가깝다   間 (간) 사이

15

◆ 그림을 보면서 한자(漢字)의 뜻과 음을 알아봅시다.

自	👃 → 🔲 → 自	• 이 한자는 무슨 뜻인가요?
뜻 스스로 **음** **자**	사람의 코 모양을 본뜬 글자로 자기를 나타낸다 하여 '스스로'의 뜻이 됨.	
然	🐕 → 燃 → 然	• 이 한자는 무슨 뜻인가요?
뜻 그러할 **음** **연**	개를 불로 굽는다는 뜻이었는데 개를 불로 굽는다는 것은 당연하다는 것에서 '그러하다'의 뜻이 됨.	
天	🧍 → 夭 → 天	• 이 한자는 무슨 뜻인가요?
뜻 하늘 **음** **천**	서 있는 사람의 머리 위에 선을 그어 높은 '하늘'을 나타냄.	
地	🐍 → 地 → 地	• 이 한자는 무슨 뜻인가요?
뜻 땅 **음** **지**	굴곡진 계곡에 뱀이 서리고 있는 모양을 본떠 '땅'을 나타냄.	
星	✹ → 星 → 星	• 이 한자는 무슨 뜻인가요?
뜻 별 **음** **성**	밤 하늘에 나타난(生) 빛나는 별 모양을 본떠 만든 글자로 '별'을 뜻함.	

 읽기·쓰기 학습 (1)

◆ 아래 한자(漢字)의 뜻과 음을 소리내어 읽으면서 써 봅시다.

自	스스로 **자**	스스로 자		
然	그러할 **연**	그러할 연		
天	하늘 **천**	하늘 천		
地	땅 **지**	땅 지		
星	별 **성**	별 성		

◆ 아래 한자(漢字)를 쓰는 순서에 맞게 써 봅시다.

自	′ ⺁ ⺁ 白 白 自							
	自							
然	′ ⺈ ⼣ 夕 夗 夗 夗 然 然 然							
	然							
天	⼀ ⼆ 天 天							
	天							
地	⼀ ⼟ 圵 地 地							
	地							
星	⼀ ⼝ 日 旦 旦 旦 星 星							
	星							

17

활용 학습(1)

一 생활 속의 한자

1) '사람은 自然 보호, 自然은 사람 보호'.

2) 온 天地가 흰 눈으로 덮여 있습니다.

3) 一月을 정월이라고도 합니다.

4) 사람들은 머지않아 火星에도 가게 될 것입니다.

二 한자어 풀이

1) 自然(자연) : 우주 또는 세상에 스스로 존재하거나 저절로 이루어지는 모든 사물이나 현상.

2) 天地(천지) : 하늘과 땅.

3) 一月(일월) : 그 해의 첫째 달.

4) 火星(화성) : 태양 주위를 도는 별의 하나.

三 한자 생각 늘리기

▶ 음은 같고 뜻이 다른 한자

◑ 다음 밑줄 친 말을 나타내는 한자(漢字)를 써 봅시다.

1. <u>하늘</u>은 높습니다. ☐   2. <u>별</u>은 반짝입니다. ☐

◑ 다음 한자(漢字)의 뜻, 음을 선으로 이어 봅시다.

3. 天 •   • 별 •   • 천

4. 地 •   • 하늘 •   • 성

5. 星 •   • 땅 •   • 지

◑ 다음 한자(漢字)를 써 봅시다.

6. 스스로 자 ☐   7. 그러할 연 ☐

◑ 다음 뜻을 가진 한자어를 보기 에서 찾아 써 봅시다.

보기	天	山	地	田	川

8. 하늘과 땅 ☐☐   9. 산과 내 ☐☐

◑ 다음 그림에 알맞은 한자(漢字)를 찾아 (   ) 안에 ○표를 해 봅시다.

10.   ① 月 (   )   ② 日 (   )

         ③ 星 (   )   ④ 天 (   )

◑ 미로를 따라 별을 따러 가 봅시다. 우리가 살고 있는 땅(地)
에서 출발하여 별(星)을 향해 출발해 보세요.

◐ 다음 한자(漢字)가 어디에 숨어 있는지 찾아봅시다.

◀ 찾아야 할 한자 ▶

自　　然　　天　　地　　星

◆ 그림을 보면서 한자(漢字)의 뜻과 음을 알아봅시다.

內 뜻 안 음 **내**	사람이 대문을 통해서 집 안으로 들어 간다는 뜻으로 '안', '속'을 나타냄.	• 이 한자는 무슨 뜻인가요?
外 뜻 바깥 음 **외**	저녁에 점은 '뜻밖'의 일이 있어야만 점을 친다는 뜻으로 '바깥'의 뜻이 됨.	• 이 한자는 무슨 뜻인가요?
遠 뜻 멀 음 **원**	(쉬엄쉬엄 갈 착) (옷이 길 원) 먼 거리를 쉬엄쉬엄 걸어간다는 데서 '멀다'의 뜻을 나타냄.	• 이 한자는 무슨 뜻인가요?
近 뜻 가까울 음 **근**	(쉬엄쉬엄 갈 착) (도끼 근) 달려가 도끼로 찍을 만큼 가까운 거리에 있 다는 데서 거리가 가깝다는 것을 나타냄.	• 이 한자는 무슨 뜻인가요?
間 뜻 사이 음 **간**	문 사이로 햇빛이 들어오는 모양으로 '사이'라는 뜻을 나타냄.	• 이 한자는 무슨 뜻인가요?

◆ 아래 한자(漢字)의 뜻과 음을 소리내어 읽으면서 써 봅시다.

內	안 내	안 내		
外	바깥 **외**	바깥 외		
遠	멀 **원**	멀 원		
近	가까울 **근**	가까울 근		
間	사이 **간**	사이 간		

◆ 아래 한자(漢字)를 쓰는 순서에 맞게 써 봅시다.

內	丨 冂 冃 內 內		
外	丿 ク タ 列 外 外		
遠	一 十 士 吉 吉 声 袁 袁 袁 遠 遠 遠		
近	厂 斤 斤 斤 沂 沂 近 近		
間	丨 冂 冂 門 門 門 門 問 間 間		

23

활용 학습 ⑵

一 생활 속의 한자

1) 전시장 內外가 잘 정리되었습니다.

2) 우리 집은 학교와 우체국 中間에 있습니다.

3) 이 그림은 遠近이 잘 나타나 있습니다.

4) 나는 미술 時間이 즐겁습니다.

二 한자어 풀이

1) 內外(내외) : 안과 밖.

2) 中間(중간) : 가운데.

3) 遠近(원근) : 멀고 가까움.

4) 時間(시간) : 어느 때부터 어느 때까지의 사이.

三 한자 생각 늘리기

▶ 서로 뜻이 맞서는 한자

內(안) ←→ 外(바깥)   遠(멀다) ←→ 近(가깝다)

▶ 한자의 활용

間 → 時間(시간), 中間(중간)

 연습 문제 ⑵

◗ 다음 한자(漢字)의 뜻과 맞서는 한자(漢字)를 써 봅시다.

1. 內 (안 내) ⟶ ☐

2. 遠 (멀 원) ⟶ ☐

3. 左 (왼 좌) ⟶ ☐

◗ 다음 한자(漢字)의 뜻과 음을 써 봅시다.

4. 近 (   )

5. 間 (   )

6. 外 (   )

◗ 다음 물음에 답하여 봅시다.

7. '중간'을 한자(漢字)로 맞게 쓴 것은 어느 것인가요?(   )

     ① 內外   ② 中間   ③ 左右   ④ 上下

8. 짝지어진 한자(漢字)가 서로 맞서는 뜻이 <u>아닌</u> 것은 어느 것인가요? ·······································(   )

     ① 中間   ② 上下   ③ 左右   ④ 內外

9. '가깝다'는 뜻의 한자(漢字)로 맞는 것은 어느 것인가요? ·······································(   )

     ① 外   ② 右   ③ 近   ④ 遠

10. 다음 한자(漢字) 중 '바깥'을 뜻하는 것은 어느 것인가요? ·······································(   )

     ① 內   ② 外   ③ 遠   ④ 中

놀이 학습 (2)

◗ 사다리를 타고 내려가 봅시다.

  ○ 안의 한자(漢字)는 아래의 어느 한자(漢字)와 만나는지 번호 아래의 빈 칸에 그 한자(漢字)를 써 봅시다.

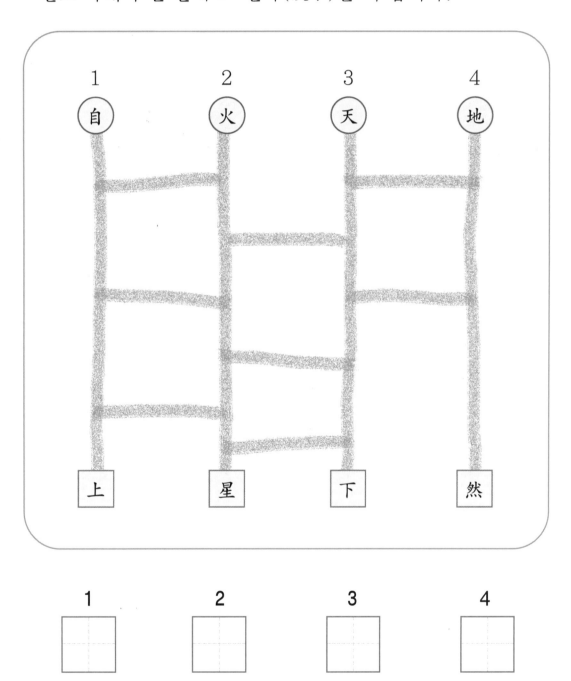

◑ 다음 한자(漢字)가 어디에 숨어 있는지 찾아봅시다.

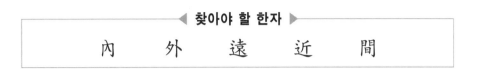

◀ 찾아야 할 한자 ▶

內　　外　　遠　　近　　間

2. 어느 정도인가요

◆ 정도를 나타내는 한자(漢字)를 알아봅시다.

🔵 새 로 배 우 는 한 자 ───────────

大 (대) 크다   小 (소) 작다   多 (다) 많다

輕 (경) 가볍다   重 (중) 무겁다

새로 배우는 한자

高 (고) 높다   低 (저) 낮다   長 (장) 길다, 어른

短 (단) 짧다   少 (소) 적다, 젊다

29

◆ 그림을 보면서 한자(漢字)의 뜻과 음을 알아봅시다.

大		
뜻	큰	사람이 양 팔을 벌리고 서 있는 모양으로 '크다'는 뜻임.
음	대	• 이 한자는 무슨 뜻인가요?

小		
뜻	작을	큰 물체에서 떨어져 나간 작은 모양을 나타냄.
음	소	• 이 한자는 무슨 뜻인가요?

多		
뜻	많을	저녁이 날마다 거듭되어 '많다'는 뜻을 나타냄.
음	다	• 이 한자는 무슨 뜻인가요?

輕		
뜻	가벼울	수레가 물줄기처럼 재빨리 달린다는 뜻으로 '가볍다'는 뜻이 됨.
음	경	• 이 한자는 무슨 뜻인가요?

重		
뜻	무거울	사람이 등에 무거운 짐을 진 모양으로 '무겁다'는 뜻을 나타냄.
음	중	• 이 한자는 무슨 뜻인가요?

◆ 아래 한자(漢字)의 뜻과 음을 소리내어 읽으면서 써 봅시다.

大	큰 **대**	큰 대		
小	작을 **소**	작을 소		
多	많을 **다**	많을 다		
輕	가벼울 **경**	가벼울 경		
重	무거울 **중**	무거울 중		

◆ 아래 한자(漢字)를 쓰는 순서에 맞게 써 봅시다.

大	一 ナ 大 大						
小	亅 小 小 小						
多	丿 ク タ 多 多						
輕	一 ㄷ 百 亘 車 輕 輕 輕 輕 輕						
重	一 二 ㄎ 盲 盲 重 重 重						

 **활용 학습** (1)

(一) 생활 속의 한자

1) 수학 시간에 수의 大小 비교에 대해 공부를 하였습니다.

2) 인간은 大自然 속에서 살아갑니다.

3) 중요한 일이 겹칠 때는 輕重을 생각해 보는 것이 필요
합니다.

4) 과일을 大中小로 분류해 보았습니다.

5) 흰 눈으로 大地가 하얗게 변했습니다.

(二) 한자어 풀이

1) 大小(대소) : 크고 작음.

2) 大自然(대자연) : 큰 자연을 말함.

3) 輕重(경중) : 가볍고 무거움.

4) 大中小(대중소) : 크고 중간과 작음.

5) 大地(대지) : 넓은 땅.

(三) 한자 생각 늘리기

▶ 한자의 활용

大 ➡ 大小(대소), 大地(대지)

◑ 다음 한자(漢字)의 뜻과 음을 써 봅시다.

　1. 大 (　　　　　　)　　　　　　2. 重 (　　　　　　　　)

◑ 다음 뜻과 음을 나타내는 한자(漢字)를 써 봅시다.

　3. 많을 다 　　　　　　　　　　4. 작을 소

◑ 다음 한자(漢字)와 맞서는 뜻을 가진 한자(漢字)를 써 봅시다.

　5. 輕 ←——→ 　　　　　　6. 小 ←——→

◑ 다음 물음에 답하여 봅시다.

　7. '적다' 또는 '젊다'의 뜻을 가진 한자는 어느 것인가요?(　　)

　　　　① 小　　　　② 少　　　　③ 大　　　　④ 多

　8. 다음 그림에 알맞은 한자(漢字)는 어느 것인가요? 보기 에
　　　서 골라 써 봅시다.

　　　보기　　輕　　　重　　　多　　　中

　9. 다음 한자(漢字)를 바르게 읽은 것은 어느 것인가요?(　　)

　　　多　　　① 소　　② 다　　③ 대　　④ 석

　10. 다음 뜻과 음을 바르게 쓴 한자(漢字)는 어느 것인가요?(　　)

　　　무거울 중　　① 重　　② 大　　③ 小　　④ 中

◗ 시소놀이를 해 봅시다.

　어느 쪽이 가볍고 어느 쪽이 무거운지 □ 안에 輕·重으로
써 봅시다.

◗ 다음 한자(漢字)가 어디에 숨어 있는지 찾아봅시다.

◀ 찾아야 할 한자 ▶

大　　小　　多　　輕　　重

 **탐구 학습 ⑵**

◆ 그림을 보면서 한자(漢字)의 뜻과 음을 알아봅시다.

高 뜻 높을 음 고	高 → 高 → 高 이층집을 본떠서 '높다'는 뜻을 나타냄.	• 이 한자는 무슨 뜻인가요?
低 뜻 낮을 음 저	低 → 低 → 低 아랫사람이 윗사람께 머리 숙인 모습으로 '낮추다(낮다)'의 뜻이 됨.	• 이 한자는 무슨 뜻인가요?
長 뜻 긴 음 장	長 → 長 → 長 수염이 긴 노인의 모습을 본떠 '길다'의 뜻을 나타냄.	• 이 한자는 무슨 뜻인가요?
短 뜻 짧을 음 단	短 → 短 → 短 콩처럼 작고 화살처럼 빠르고 짧게 날아간다는 뜻으로 '짧다'의 뜻이 됨.	• 이 한자는 무슨 뜻인가요?
少 뜻 적을, 젊을 음 소	少 → 少 → 少 큰 바위가 여러 조각으로 부서진 모양으로 분량이 적은 것을 나타냄.	• 이 한자는 무슨 뜻인가요?

◇ 아래 한자(漢字)의 뜻과 음을 소리내어 읽으면서 써 봅시다.

高	높을 **고**	높을 고		
低	낮을 **저**	낮을 저		
長	긴 **장**	긴 장		
短	짧을 **단**	짧을 단		
少	적을 **소**	적을 소		

◇ 아래 한자(漢字)를 쓰는 순서에 맞게 써 봅시다.

高	` 亠 言 亠 高 高` 高					
低	`丿 亻 化 低 低` 低					
長	`一 厂 F 丰 長 長 長` 長					
短	`丿 亠 二 矢 矢 知 短` 短					
少	`丿 小 小 少` 少					

37

一 생활 속의 한자

1) 1·2·3학년을 低학년, 4·5·6학년을 高학년이라
   고도 합니다.

2) 우리 나라의 북쪽에는 남쪽보다 高山이 많습니다.

3) 적은 돈이지만 多少나마 이웃돕기에 보탬이 되었으면
   합니다.

4) 우리는 長短에 맞추어 춤을 추었습니다.

5) 가락은 음의 高低와 長短에 따라 달라집니다.

6) 우리 아버지는 少年, 소녀 가장을 도와 줍니다.

二 한자어 풀이

1) 高山(고산) : 높은 산.

2) 多少(다소) : 많고 적음. 조금이긴 하지만 어느 정도.

3) 長短(장단) : 길고 짧음. 좋고 나쁨.

4) 高低(고저) : 높고 낮음.

5) 少年(소년) : 어린 사내아이.

三 한자 생각 늘리기

▶ 서로 뜻이 맞서는 한자

高(높다) ←——→ 低(낮다), 長(길다) ←——→ 短(짧다)
多(많다) ←——→ 少(적다)

▶ 음이 같은 한자

| 소 | —— 小(작을 소), 少(적을 소) |

少는 '적다'는 뜻도 되지만, '젊다'는 뜻도 있습니다.
예 少年

 연습 문제⑵

◗ 다음 뜻과 음을 나타내는 한자(漢字)를 써 봅시다.

1. 낮을 저 ☐　　　　　2. 긴 장 ☐

◗ 다음 한자(漢字)의 뜻과 음을 써 봅시다.

3. 高 (　　　　　)　　　　　4. 少 (　　　　　)

◗ 서로 뜻이 맞서는 한자(漢字)끼리 선으로 이어 봅시다.

5. 大 •　　　　　　　　　　• 少

6. 多 •　　　　　　　　　　• 小

7. 高 •　　　　　　　　　　• 低

8. 다음 한자(漢字)를 바르게 읽은 것은 어느 것인가요?(　　)

　　| 短 |　　① 단　　② 장　　③ 고　　④ 저

9. 다음 뜻을 가진 한자어는 어느 것인가요?.........(　　)

　　| 높고 낮음 |　　① 輕重　　② 高低　　③ 長短　　④ 大小

10. 다음 그림을 보고 알맞은 한자(漢字)를 써 봅시다.

많다 ☐　　　　　　　　　적다 ☐

◑ 벽돌로 쌓은 담장이 있습니다. 깨진 벽돌을 고치려고 합니다.
어떤 벽돌을 사용해야 할까요? 선으로 이어 봅시다.

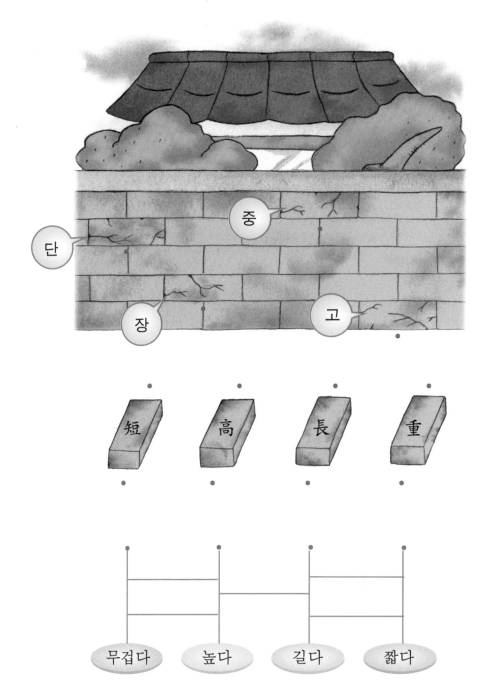

● 다음 한자(漢字)가 어디에 숨어 있는지 찾아봅시다.

◀ 찾아야 할 한자 ▶

高　低　長　短　少

3. 나의 몸

◈ 신체와 관련 있는 한자(漢字)를 알아봅시다.

耳

目

鼻

口

새 로 배 우 는 한 자

耳 (이) 귀   目 (목) 눈   口 (구) 입

鼻 (비) 코   全 (전) 온전하다

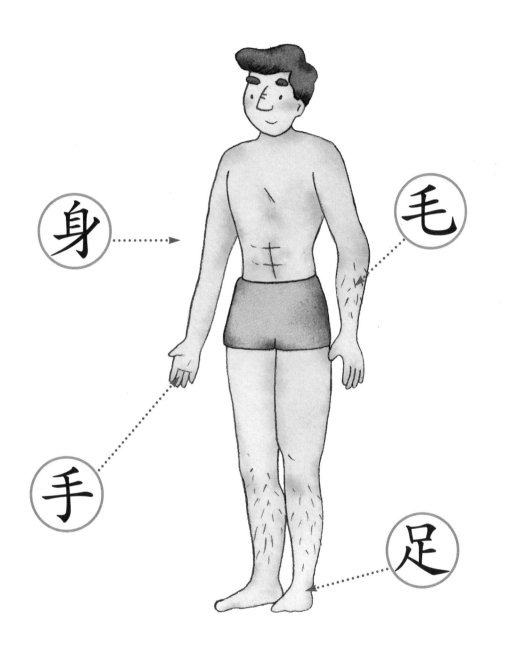

새로 배우는 한자

手 (수) 손 　　　足 (족) 발 　　　毛 (모) 털

心 (심) 마음 　　身 (신) 몸

 탐구 학습 (1)

◆ 그림을 보면서 한자(漢字)의 뜻과 음을 알아봅시다.

耳	그림 → 글자 → 耳	• 이 한자는 무슨 뜻인가요?
뜻 귀 음 **이**	사람의 귀 모양을 본떠서 '귀'를 나타냄.	
目	그림 → 글자 → 目	• 이 한자는 무슨 뜻인가요?
뜻 눈 음 **목**	사람의 눈을 본떠서 '눈'을 나타냄.	
口	그림 → 글자 → 口	• 이 한자는 무슨 뜻인가요?
뜻 입 음 **구**	사람의 입을 본떠서 '입'을 나타냄.	
鼻	그림 → 글자 → 鼻	• 이 한자는 무슨 뜻인가요?
뜻 코 음 **비**	사람의 코를 본떠서 '코'를 나타냄.	
全	그림 → 글자 → 全	• 이 한자는 무슨 뜻인가요?
뜻 온전할 음 **전**	좋은 보석에 들어갈 만큼 흠이 없이 온전하다는 뜻으로 '온전하다'를 나타냄.	

◈ 아래 한자(漢字)의 뜻과 음을 소리내어 읽으면서 써 봅시다.

耳	귀 이	귀 이		
目	눈 목	눈 목		
口	입 구	입 구		
鼻	코 비	코 비		
全	온전할 전	온전할 전		

◈ 아래 한자(漢字)를 쓰는 순서에 맞게 써 봅시다.

耳	一 丅 丆 斤 耳 耳				
	耳				
目	丨 冂 冃 目 目				
	目				
口	丨 冂 口				
	口				
鼻	⺊ ⺁ 冂 白 白 白 白 鳥 鳥 鼻 畠 畠 鼻 鼻				
	鼻				
全	丿 入 入 仝 仐 全				
	全				

 **활용 학습 (1)**

一 생활 속의 한자

  1) 영철이는 노래를 잘 불러 사람들의 耳目을 끌었습니다.

  2) 우리 형은 사람들로부터 耳目口鼻가 수려하다는 말을
    많이 듣습니다.

二 한자어 풀이

  1) 耳目(이목) : 귀와 눈. 시선, 주의.

  2) 耳目口鼻(이목구비) : 귀, 눈, 입, 코.

三 한자 생각 늘리기

  ▶ 모양이 비슷한 한자(漢字)

    ┌ 金(쇠 금)   ┌ 日(날 일)
    └ 全(온전할 전)   └ 目(눈 목)

  ▶ 음이 같은 한자(漢字)

    | 구 | ── 九(아홉 구), 口(입 구)

    | 이 | ── 二(두 이), 耳(귀 이)

◑ 다음 한자(漢字)의 뜻과 음을 써 봅시다.

1. 耳 (　　　　　　)　　　　2. 目 (　　　　　　)

3. 口 (　　　　　　)　　　　4. 鼻 (　　　　　　)

◑ 다음 뜻과 음을 나타내는 한자(漢字)를 써 봅시다.

5. 온전할 전 　[　　]　　　6. 입 구 　[　　]

◑ 다음 밑줄 친 낱말을 한자(漢字)로 써 봅시다.

7. 영수는 달리기로 이목을 끌었습니다.

8. 사람의 얼굴에는 귀, 눈, 입, 코가 있습니다.

◑ 다음 한자(漢字)의 음을 골라 번호를 써 봅시다.

9. 全 ·· (　　)

　　① 금　　　② 전　　　③ 심　　　④ 신

10. 鼻 ·· (　　)

　　① 비　　　② 구　　　③ 이　　　④ 목

◑ 다음 글을 읽고 □ 안에 알맞은 한자(漢字)를 보기 에서 찾아 써 봅시다.

보기 耳 目 口 鼻

놀이터에서 놀던 유미는 간식을 먹으라고 부르시는 엄마의 소리에 친구들과 집으로 들어왔습니다.

식탁에는 맛있는 떡볶이가 담긴 접시가 놓여 있었습니다. 맛있는 냄새가 났습니다. 친구와 같이 떡볶이를 먹고 난 유미는 너무 매워서 물을 두 컵이나 마셨습니다.

1. 유미는 어디로 맛있는 냄새를 맡았나요? □

2. 유미는 떡볶이를 어디로 먹었을까요? □

3. 유미는 엄마가 부르시는 소리를 어디로 들었을까요? □

4. 유미는 식탁의 떡볶이를 무엇으로 보았을까요? □

48

◗ 다음 한자(漢字)가 어디에 숨어 있는지 찾아봅시다.

◀ 찾아야 할 한자 ▶

耳　目　口　鼻　全

◆ 그림을 보면서 한자(漢字)의 뜻과 음을 알아봅시다.

手	手 그림	이 한자는 무슨 뜻인가요?
뜻 손 음 수	사람의 손 모양을 본떠서 '손'을 나타냄.	• 이 한자는 무슨 뜻인가요?
足	足 그림	
뜻 발 음 족	사람의 발 모양을 본떠서 '발'을 나타냄.	• 이 한자는 무슨 뜻인가요?
毛	毛 그림	
뜻 털 음 모	털이 난 모양을 나타냄.	• 이 한자는 무슨 뜻인가요?
心	心 그림	
뜻 마음 음 심	사람의 심장을 본뜬 글자로 심장을 나타냄.	• 이 한자는 무슨 뜻인가요?
身	身 그림	
뜻 몸 음 신	사람의 몸을 본떠서 '몸'을 나타냄.	• 이 한자는 무슨 뜻인가요?

50

◆ 아래 한자(漢字)의 뜻과 음을 소리내어 읽으면서 써 봅시다.

手	손 **수**	손 수		
足	발 **족**	발 족		
毛	털 **모**	털 모		
心	마음 **심**	마음 심		
身	몸 **신**	몸 신		

◆ 아래 한자(漢字)를 쓰는 순서에 맞게 써 봅시다.

手	´ ´ ´ 手 手					
	手					
足	ロ ロ ロ 尸 足 足					
	足					
毛	´ ´ ´ 毛 毛					
	毛					
心	´ 心 心 心					
	心					
身	´ ´ ´ 自 身 身					
	身					

 **활용 학습 ⑵**

一 **생활 속의 한자**

1) 나는 手足이 불편하신 할아버지를 도와 드렸습니다.

2) 형은 매일 달리기를 하여 心身을 단련합니다.

3) 나는 어제 사진관에서 全身 사진을 찍었습니다.

4) 서울은 우리 나라의 中心 도시입니다.

二 **한자어 풀이**

1) 手足(수족) : 손과 발.

2) 心身(심신) : 마음과 몸.

3) 全身(전신) : 온몸 전체.

4) 中心(중심) : 한가운데.

三 **한자 생각 늘리기**

▶ 한자의 활용

手 ➡ 手足(수족), 手中(수중)

心 ➡ 中心(중심), 一心(일심)

全 ➡ 全身(전신)

◑ 다음 한자(漢字)의 뜻과 음을 써 봅시다.

1. 手 (   )   2. 足 (   )

3. 心 (   )   4. 身 (   )

◑ 다음 뜻과 음을 나타내는 한자(漢字)를 써 봅시다.

5. 털 모

◑ 다음 그림을 보고 알맞은 한자(漢字)를 써 봅시다.

6.   7.

◑ 다음 한자어를 바르게 읽은 것은 어느 것인가요? 번호를 써 봅시다.

8. 할머니는 手足이 불편하십니다. · · · · · · · · · · · · · · · · · (   )

     ① 수족   ② 심신   ③ 이목   ④ 구비

9. 등산은 心身에 좋은 운동입니다. · · · · · · · · · · · · · · · · (   )

     ① 전신   ② 심신   ③ 수족   ④ 이목

◑ 다음 뜻을 가진 한자어는 어느 것인가요? ○표를 해 봅시다.

10.   마음과 몸

     ① 手足(   )   ② 耳目(   )   ③ 心身(   )   ④ 全身(   )

◐ 빨래에 씌여진 한자(漢字)의 뜻과 음이 맞도록 선으로 이어
봅시다.

◐ 한자 ➡ 뜻 ➡ 음의 순으로 선을 이어 봅시다.

足 ➡ 뜻 ➡ 음 ➡ 毛 ➡ 뜻 ➡ 음 ➡ 手 ➡ 뜻 ➡ 음

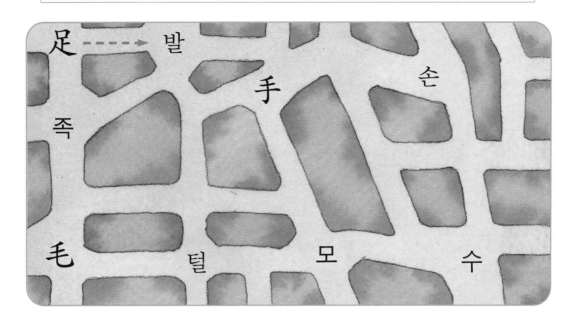

◗ 다음 한자(漢字)가 어디에 숨어 있는지 찾아봅시다.

◀ 찾아야 할 한자 ▶

手　足　毛　心　身

4. 화목한 가족

◆ 가족과 관련 있는 한자(漢字)를 알아봅시다.

祖

父 母

兄 弟

새 로 배 우 는 한 자

祖 (조) 할아버지   父 (부) 아버지   母 (모) 어머니

兄 (형) 형   弟 (제) 아우

56

老人

女子

男子

새로 배우는 한자

男 (남) 사내　　　女 (녀) 여자　　　子 (자) 아들

人 (인) 사람　　　老 (노, 로) 늙다

57

탐구 학습 (1)

◆ 그림을 보면서 한자(漢字)의 뜻과 음을 알아봅시다.

祖		
뜻 할아버지 음 조	후손을 낳아 준 남자(且) 어른에게 제사를 지내는 모습으로 '조상'을 뜻함.	• 이 한자는 무슨 뜻인가요?
父		
뜻 아버지 음 부	돌도끼를 손에 든 모습으로 '아버지'를 나타냄.	• 이 한자는 무슨 뜻인가요?
母		
뜻 어머니 음 모	여자를 가리키는 '女'에 가슴을 나타내는 점을 찍어 '어머니'를 나타냄.	• 이 한자는 무슨 뜻인가요?
兄		
뜻 형 음 형	어진 말을 잘 하는 사람이 '형'이라는 데서 본뜬 글자임.	• 이 한자는 무슨 뜻인가요?
弟		
뜻 아우 음 제	활에 줄을 감을 때에는 순서가 있어야 한다는 데서 '아우'를 나타냄.	• 이 한자는 무슨 뜻인가요?

◆ 아래 한자(漢字)의 뜻과 음을 소리내어 읽으면서 써 봅시다.

祖	할아버지 **조**	할아버지 조
父	아버지 **부**	아버지 부
母	어머니 **모**	어머니 모
兄	형 **형**	형 형
弟	아우 **제**	아우 제

◆ 아래 한자(漢字)를 쓰는 순서에 맞게 써 봅시다.

祖	一 千 禾 利 利 和 和 相 祖 祖
父	丿 八 グ 父 父
母	乙 口 丹 母 母 母
兄	丨 口 口 尸 兄 兄
弟	丶 丷 丷 弟 弟 弟 弟

59

一 생활 속의 한자

1) 나는 祖父母와 함께 삽니다.

2) 우리는 祖上을 잘 섬깁니다.

3) 父母님은 참으로 고마우신 분입니다.

4) 우리 兄弟는 사이가 좋습니다.

二 한자어 풀이

1) 祖父母(조부모) : 할아버지와 할머니.

2) 祖上(조상) : 돌아가신 어버이 위로 대대의 어른.

3) 父母(부모) : 아버지와 어머니.

4) 兄弟(형제) : 형과 동생.

三 한자 생각 늘리기

▶ 한자어의 짜임

父	＋	母	⟶	父母
(아버지)		(어머니)		(아버지와 어머니)

兄	＋	弟	⟶	兄弟
(형)		(아우)		(형과 아우)

▶ 祖父母(할아버지와 할머니) ➡ 父母(아버지와 어머니)

➡ 子女(아들과 딸)

◑ 다음 한자(漢字)의 뜻과 음을 써 봅시다.

1. 祖 (   )   2. 父 (   )

3. 母 (   )   4. 兄 (   )

5. 다음 한자(漢字)의 뜻으로 바른 것은 어느 것인가요?(   )

| 父 | ① 형   ② 아버지   ③ 할아버지   ④ 동생 |

6. 다음 뜻을 가진 한자(漢字)는 어느 것인가요?······(   )

| 형 | ① 兄   ② 祖   ③ 弟   ④ 子 |

◑ 다음 뜻을 가진 한자어를 선으로 이어 봅시다.

7. 형과 동생   •   • 兄弟

8. 아버지와 어머니   •   • 父母

9. 할아버지와 할머니 •   • 祖父母

10. 다음 그림을 보고 알맞은 한자(漢字)를 보기 에서 골라 써
    봅시다.

| 보기 | 兄   弟   父   老 |

◑ 버스를 타고 갑니다. 각각의 버스 정류장에서 내려야 할 사
람은 누구인가요? 아래 있는 표에 ○표를 해 봅시다.

버스 정류장	1	2	3	4
할아버지				
어머니				
형				
아버지				

◑ 다음 한자(漢字)가 어디에 숨어 있는지 찾아봅시다.

◀ 찾아야 할 한자 ▶

祖　父　母　兄　弟

탐구 학습 (2)

◇ 그림을 보면서 한자(漢字)의 뜻과 음을 알아봅시다.

한자	뜻	음	그림과 설명	질문
男	사내	남	 → 田 + 力 → 男 밭에 나가 힘써 일하는 사람이 '남자'라는 뜻임.	• 이 한자는 무슨 뜻인가요?
女	여자	녀	 →  → 女 여자가 손을 모으고 무릎을 꿇고 앉은 모습으로 '여자'를 나타냄.	• 이 한자는 무슨 뜻인가요?
子	아들	자	 →  → 子 사내아이가 양 팔을 들고 있는 모습으로 '아들'을 뜻함.	• 이 한자는 무슨 뜻인가요?
人	사람	인	 →  → 人 사람이 옆으로 서 있는 모습으로 '사람'을 뜻함.	• 이 한자는 무슨 뜻인가요?
老	늙을	노, 로	 →  → 老 지팡이를 짚은 노인을 본뜬 글자로 '노인'을 나타냄.	• 이 한자는 무슨 뜻인가요?

읽기·쓰기 학습 (2)

◇ 아래 한자(漢字)의 뜻과 음을 소리내어 읽으면서 써 봅시다.

男	사내 **남**	사내 **남**		
女	여자 **녀**	여자 **녀**		
子	아들 **자**	아들 **자**		
人	사람 **인**	사람 **인**		
老	늙을 **노, 로**	늙을 **노, 로**		

◇ 아래 한자(漢字)를 쓰는 순서에 맞게 써 봅시다.

男	丨 冂 冂 田 田 男 男 男
女	く 女 女 女
子	乛 了 子 子
人	丿 人 人
老	一 十 土 耂 耂 老 老

🔑 활용 학습 ⑵

一 생활 속의 한자

1) 영길이 아버지는 老父母를 모시고 살아갑니다.

2) 노래는 男女老少 모두 좋아합니다.

3) 우리 집에서 兄은 長男이고 누나는 長女입니다.

4) 父母는 누구나 子女를 사랑합니다.

二 한자어 풀이

1) 老父母(노부모) : 늙은 아버지와 어머니.

2) 男女老少(남녀노소) : 남자, 여자, 노인, 젊은이.

3) 長男(장남) : 맏아들.

4) 長女(장녀) : 맏딸.

5) 子女(자녀) : 아들과 딸.

三 한자 생각 늘리기

▶ 한자의 활용

人	→ 女人(여인), 老人(노인)
女	→ 子女(자녀), 母女(모녀)
子	→ 女子(여자), 男子(남자), 父子(부자)

◐ 다음 그림에 알맞은 한자(漢字)를 보기 에서 골라 써 봅시다.

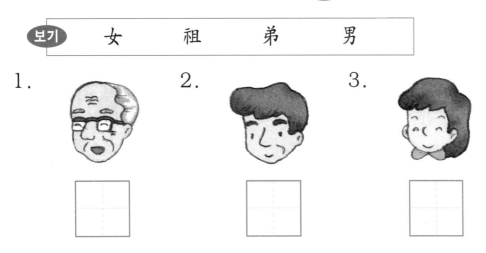

보기   女   祖   弟   男

1.   2.   3.

◐ 서로 뜻이 맞서는 한자(漢字)끼리 선으로 이어 봅시다.

4. 女 •   • 父

5. 兄 •   • 弟

6. 母 •   • 男

◐ 다음 한자(漢字)의 뜻과 음을 써 봅시다.

7. 男 (   )   8. 老 (   )

◐ 다음을 한자(漢字)로 써 봅시다.

9. 남녀노소

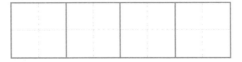

◐ 다음 □ 안에 들어갈 한자(漢字)를 보기 에서 찾아 써 봅시다.

10.   男   보기   老 祖 子 人
   女

놀이 학습 (2)

◑ 뜻이 맞서는 한자를 줄로 이어 봅시다.

祖父 ●   ● 弟

父 ●   ● 祖母

兄 ●   ● 母

① 다음 한자(漢字)가 어디에 숨어 있는지 찾아봅시다.

◀ 찾아야 할 한자 ▶

祖, 父, 母, 子, 女, 男, 兄, 弟, 老, 人

영희네 집 나들이

영희는 길에서 마을 할아버지를 만났습니다.

"할아버지, 안녕하세요?"

"오냐, 그런데 어디 가니?"

"네, 대공원으로 놀러 가요."

"그래, 좋겠구나. 재미있게 놀다 오너라."

"네, 할아버지."

5. 동물 나라

기본 학습

◆ 동물과 관련 있는 한자(漢字)를 알아봅시다.

새로 배우는 한자

牛 (우) 소　　　　馬 (마) 말　　　　犬 (견) 개

羊 (양) 양　　　　鳥 (조) 새

70

새 로 배 우 는 한 자

魚 (어) 물고기 　　　農 (농) 농사 　　　工 (공) 장인

江 (강) 강, 물 　　　村 (촌) 마을

◆ 그림을 보면서 한자(漢字)의 뜻과 음을 알아봅시다.

牛		• 이 한자는 무슨 뜻인가요?
뜻 소 **음** 우	소의 머리를 본뜬 글자로 '소'를 나타냄.	
馬		• 이 한자는 무슨 뜻인가요?
뜻 말 **음** 마	말의 모양을 본뜬 글자로 '말'을 나타냄.	
犬		• 이 한자는 무슨 뜻인가요?
뜻 개 **음** 견	개의 모양을 본뜬 글자로 '개'를 나타냄.	
羊		• 이 한자는 무슨 뜻인가요?
뜻 양 **음** 양	뿔이 달린 양의 머리를 본뜬 글자로 '양'을 나타냄.	
鳥		• 이 한자는 무슨 뜻인가요?
뜻 새 **음** 조	나뭇가지에 앉은 새를 본뜬 글자로 '새'를 나타냄.	

72

 **읽기·쓰기 학습(1)**

◆ 아래 한자(漢字)의 뜻과 음을 소리내어 읽으면서 써 봅시다.

牛	소 **우**	소 우		
馬	말 **마**	말 마		
犬	개 **견**	개 견		
羊	양 **양**	양 양		
鳥	새 **조**	새 조		

◆ 아래 한자(漢字)를 쓰는 순서에 맞게 써 봅시다.

牛	ノ 十 二 牛 牛						
馬	丨 厂 厂 F 馬 馬 馬 馬						
犬	一 ナ 大 犬 犬						
羊	丶 丷 亠 兰 羊 羊						
鳥	ノ 亻 宀 户 自 鳥 鳥 鳥						

 **활용 학습(1)**

一 **생활 속의 한자**

1) 옛날에는 牛馬를 교통 수단으로 많이 이용하였습니다.

2) 山에서 山羊이 풀을 뜯고 있습니다.

3) 아이들이 놀이터에서 木馬를 타고 놉니다.

4) 羊毛로 만든 옷은 매우 따뜻합니다.

二 **한자어 풀이**

1) 牛馬(우마) : 소와 말.

2) 山羊(산양) : 양의 한 종류.

3) 木馬(목마) : 나무로 만든 말.

4) 羊毛(양모) : 양의 털.

三 **한자 생각 늘리기**

▶ 모양이 비슷한 한자

┌ 犬(개 견)   ┌ 馬(말 마)
└ 大(큰 대)   └ 鳥(새 조)

▶ 한자의 활용

羊 → 羊毛(양모), 山羊(산양)

 연습 문제 (1)

○ 다음 그림을 보고 알맞은 한자(漢字)를 써 봅시다.

1.

2.

○ 다음 한자(漢字)의 뜻과 음을 선으로 이어 봅시다.

3. 鳥 ・　　　・ 소 ・　　　・ 우

4. 牛 ・　　　・ 새 ・　　　・ 마

5. 馬 ・　　　・ 말 ・　　　・ 조

○ 다음 밑줄 친 부분의 한글은 한자(漢字)로, 한자(漢字)는 한글로 써 봅시다.

6. 山에는 山羊이 풀을 뜯고 있습니다.

7. 요즘에는 우마차가 거의 없습니다.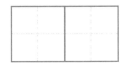

○ 다음 뜻과 음을 가진 한자(漢字)를 써 봅시다.

8. 말 마

9. 양 양

10. 개 견

75

◑ 숫자를 차례대로 이어 봅시다. 어떤 동물인가요?
아래 보기 의 한자(漢字)에서 이 동물을 나타내는 한자(漢字)를 찾아 □ 안에 써 봅시다.

| 보기 | 牛　　鳥　　犬　　馬　　羊 |

다음 한자(漢字)가 어디에 숨어 있는지 찾아봅시다.

◀ 찾아야 할 한자 ▶

牛　鳥　犬　馬　羊

◆ 그림을 보면서 한자(漢字)의 뜻과 음을 알아봅시다.

魚		
뜻	물고기	지느러미를 펼친 물고기 모양으로 '물고기'를 나타냄.
음	어	• 이 한자는 무슨 뜻인가요?

農		
뜻	농사	동이 틀 무렵 들에 나가 일을 하는 뜻을 나타낸 것으로 '농사'의 뜻이 됨.
음	농	• 이 한자는 무슨 뜻인가요?

工		
뜻	장인	기역자 모양의 자를 본뜬 글자로 일할 때 사용한다는 데서 '일', '기능'의 뜻이 됨.
음	공	• 이 한자는 무슨 뜻인가요?

江		
뜻	강	냇물이 흘러 강을 이룬다는 뜻으로 '강'을 나타냄.
음	강	• 이 한자는 무슨 뜻인가요?

村		
뜻	마을	木과 寸이 합쳐져 만들어진 글자이나 나무로 둘러싸인 곳이 '마을'이란 뜻임.
음	촌	• 이 한자는 무슨 뜻인가요?

◆ 아래 한자(漢字)의 뜻과 음을 소리내어 읽으면서 써 봅시다.

魚	물고기 **어**	물고기 어		
農	농사 **농**	농사 농		
工	장인 **공**	장인 공		
江	강 **강**	강 강		
村	마을 **촌**	마을 촌		

◆ 아래 한자(漢字)를 쓰는 순서에 맞게 써 봅시다.

魚	′ ⺈ ⺈ 乌 魚 魚 魚 魚									
	魚									
農	′ ⼞ ⼞ 曲 曲 曲 芦 芦 農 農 農									
	農									
工	⼀ ⼁ 工									
	工									
江	′ ⼂ ⼃ 江 江 江									
	江									
村	⼀ ⼗ 才 木 村 村 村									
	村									

활용 학습 (2)

一 생활 속의 한자

1) 農村과 山村은 생활에 있어서 서로 다른 점이 많습니다.

2) 우리 나라 江山은 아름답습니다.

3) 아버지는 낚시로 大魚를 잡았습니다.

二 한자어 풀이

1) 農村(농촌) : 주로 농사를 지으며 사는 마을.

2) 山村(산촌) : 주로 밭농사를 지으며 사는 마을.

3) 江山(강산) : 강과 산.

4) 大魚(대어) : 큰 물고기.

三 한자 생각 늘리기

▶ 한자의 활용

村 → 農村(농촌), 山村(산촌)

▶ 江은 '氵'와 '工'이 합쳐져 된 글자로 '氵'는 물을 뜻합니다.

 **연습 문제 (2)**

◑ 다음 한자(漢字)의 뜻과 음을 써 봅시다.

1. 江 (   )   2. 魚 (   )

◑ 다음 뜻과 음을 가진 한자(漢字)를 써 봅시다.

3. 장인 공   4. 농사 농

◑ 다음 그림에 알맞은 한자(漢字)를 보기 에서 골라 □ 안에 써 봅시다.

보기 牛   馬   魚   鳥

5.   6.

◑ 다음 밑줄 친 부분의 한글은 한자(漢字)로, 한자(漢字)는 한글로 써 봅시다.

7. 우리 아버지는 農부이시고, 나는 양을 좋아합니다.

8. 우리 마을에는 공장이 많지만 큰 江이 없습니다.

◑ 다음 물음에 알맞은 것을 골라 번호를 (   ) 안에 써 넣어 봅시다.

9. '村'과 어울려 한자어가 되지 않는 한자(漢字)는 어느 것인가요? ·······························( )

① 農   ② 江   ③ 山   ④ 牛

10. '마을'을 나타내는 한자(漢字)는 어느 것인가요? ··( )

① 魚   ② 馬   ③ 村   ④ 江

◑ 아래 그림과 관련 있는 한자의 색을 예시에서 찾아 빈 칸에
칠하여 봅시다.

◐ 다음 한자(漢字)가 어디에 숨어 있는지 찾아봅시다.

◀ 찾아야 할 한자 ▶

牛 馬 鳥 犬 魚 羊 村 農 工 江

6. 우리 집은 어디에

 기본 학습

◈ 방향을 나타내는 한자(漢字)를 알아봅시다.

北

西

東

南

새로 배우는 한자

東 (동) 동녘   西 (서) 서녘   南 (남) 남녘

北 (북) 북녘   門 (문) 문

84

새로배우는한자

前 (전) 앞   後 (후) 뒤   方 (방) 모, 방향

向 (향) 향하다   面 (면) 낯

85

◆ 그림을 보면서 한자(漢字)의 뜻과 음을 알아봅시다.

東		• 이 한자는 무슨 뜻인가요?
뜻 동녘 **음** 동	해가 떠오를 때 나무 사이로 보이는 것을 본뜬 글자로 해뜨는 쪽이 '동쪽'이라는 뜻임.	
西		• 이 한자는 무슨 뜻인가요?
뜻 서녘 **음** 서	해질 무렵 새가 둥지로 돌아와 앉는 모습으로 해가 지는 쪽이 '서쪽'이라는 뜻임.	
南		• 이 한자는 무슨 뜻인가요?
뜻 남녘 **음** 남	초목은 남쪽으로 갈수록 그 가지가 점점 무성하여짐을 나타냄.	
北		• 이 한자는 무슨 뜻인가요?
뜻 북녘 **음** 북	두 사람이 등을 맞대고 있는 모양으로 남녘과 등진 북녘을 뜻함.	
門		• 이 한자는 무슨 뜻인가요?
뜻 문 **음** 문	문의 모양을 본떠서 '문'을 나타냄.	

◆ 아래 한자(漢字)의 뜻과 음을 소리내어 읽으면서 써 봅시다.

東	동녘 **동**	동녘 동		
西	서녘 **서**	서녘 서		
南	남녘 **남**	남녘 남		
北	북녘 **북**	북녘 북		
門	문 **문**	문 문		

◆ 아래 한자(漢字)를 쓰는 순서에 맞게 써 봅시다.

東	一 ﬁ ﬁ 日 百 車 東 東 東					
西	一 ﬁ ﬁ 西 西 西 西					
南	一 十 十 内 内 内 南 南 南 南					
北	ﬁ ﬁ ﬁ 北 北 北					
門	ﬁ ﬁ ﬁ ﬁ 門 門 門 門 門					

🔑 활용 학습(1)

(一) 생활 속의 한자

1) 우리 나라는 東洋, 미국은 西洋에 있는 나라입니다.
　　※ 洋(바다 양)

2) 西山에 지는 노을은 아름답습니다.

3) 우리의 소원은 南北 통일입니다.

4) 東大門의 본래 이름은 '홍인지문'입니다.

(二) 한자어 풀이

1) 東洋(동양) : 동쪽 아시아 및 그 부근을 일컫는 말.

2) 西山(서산) : 서쪽에 있는 산.

3) 南北 통일(남북 통일) : 남과 북을 하나로 합침.

4) 東大門(동대문:홍인지문) : 조선 시대에 세운 4대문 가운데 하나로, 우리 나라 보물 제1호임.

(三) 한자 생각 늘리기

▶ 한자의 활용

　　山 ➡ 南山(남산), 西山(서산)

▶ 四方(사방) : 네 방향 (東, 西, 南, 北)

 연습 문제 (1)

◑ 다음 한자(漢字)의 뜻과 음을 써 봅시다.

1. 東 (   )   2. 北 (   )

3. 西 (   )   4. 門 (   )

5. '문'을 한자(漢字)로 바르게 쓴 것은 어느 것인가요?(   )

　　　① 西　　　　② 北　　　　③ 東　　　　④ 門

◑ 다음 그림을 보고 방향에 알맞은 한자(漢字)를 써 봅시다.

北

西

6. ☐

7. ☐

◑ 다음 한자(漢字)를 읽어 봅시다.

8. 지난 일요일 南山에 올라갔습니다.　◯◯

9. '東大門을 열어라' 놀이를 했습니다.　◯◯◯

10. 하루빨리 南北 통일이 되었으면 합니다.　◯◯

◑ 한자(漢字)로 된 말을 눈여겨보며 다음 이야기를 읽어 봅시다. 그리고 틀린 글자를 찾아 바르게 고쳐 봅시다.

장군 이야기

어느 지역의 한 장군이 南大間을 열고 비장한 각오로 전쟁터로 向했습니다.

장군은 백만대군을 이끌고 東쪽에서 方向을 바꾸어 西쪽에 있는 백두산을 넘게 되었습니다.

갖은 고생을 하면서 간신히 山의 정상을 올랐습니다.

군사들도 기진맥진하면서 장군의 뒤를 따라 올라갔습니다. 이제 군사들은 더 이상 한 발자국도 움직일 수가 없었습니다.

장군은 망원경을 꺼내 들더니 四方을 둘러보았습니다.

"이 산이 아닌개 벼."

군사들은 이 말을 듣고 모두 기절을 했습니다.

그렇지만 다시 죽을 고생을 하면서 장군의 뒤를 따라야 했습니다.

장군과 군사들은 간신히 다른 산을 올라갔습니다.

장군은 다시 망원경을 꺼내 들고 원을 그리며 四方을 둘러보더니

"아까 그 산이 맞는개 벼."

하는 것이었습니다.

그 소리를 듣고 백만대군은 그 자리에서 모두 기절을 하고 말았습니다.

틀린 글자		바른 글자	

◑ 다음 한자(漢字)가 어디에 숨어 있는지 찾아봅시다.

◀ 찾아야 할 한자 ▶

東   西   南   北   門

◆ 그림을 보면서 한자(漢字)의 뜻과 음을 알아봅시다.

前		
뜻	앞	배(舟) 위에 발을 올려 놓으면 걷지 않아도 배가 앞으로 저절로 나간다는 데서 '앞'을 뜻함.
음	**전**	• 이 한자는 무슨 뜻인가요?

後		
뜻	뒤	다리를 질질 끌면서 조금씩 나간다는 데서 '뒤'라는 뜻임.
음	**후**	• 이 한자는 무슨 뜻인가요?

方		
뜻	모, 방향	양쪽에 손잡이가 달린 쟁기의 모양으로 좌우·한 줄로 늘어놓다의 뜻에서 방향·방위 등의 뜻으로 변함.
음	**방**	• 이 한자는 무슨 뜻인가요?

向		
뜻	향할	집의 창문을 본뜬 글자로 창문이 동서남북으로 나 있다는 데서 '향하다'의 뜻이 됨.
음	**향**	• 이 한자는 무슨 뜻인가요?

面		
뜻	낯	사람의 얼굴을 나타낸 것으로 '얼굴'을 뜻함.
음	**면**	• 이 한자는 무슨 뜻인가요?

 읽기·쓰기 학습 (2)

◆ 아래 한자(漢字)의 뜻과 음을 소리내어 읽으면서 써 봅시다.

前	앞 **전**	앞 전		
後	뒤 **후**	뒤 후		
方	모 **방**	모 방		
向	향할 **향**	향할 향		
面	낯 **면**	낯 면		

◆ 아래 한자(漢字)를 쓰는 순서에 맞게 써 봅시다.

前	`丶丷斗斗产前前前前` 前					
後	`丿彳彳彳彳纮纮後後後` 後					
方	`丶一方方` 方					
向	`丿丨冂向向` 向					
面	`一丆丆丙而而面面面` 面					

🔑 활용 학습 ⑵

一 생활 속의 한자

1) 횡단 보도를 건널 때는 前後左右를 살펴야 합니다.

2) 나는 학교에서 늦게 돌아오게 된 前後의 사정을 어머니께 자세히 말씀드렸습니다.

3) 어제는 前方이 보이지 않을 정도로 안개가 자욱했습니다.

4) 사람들이 後日의 일을 안다면 어떤 일이 벌어질까요?

5) 처음 가는 곳이라 方向을 몰라 당황했습니다.

二 한자어 풀이

1) 前後左右(전후좌우) : 앞, 뒤, 왼쪽, 오른쪽.

2) 前後(전후) : 앞과 뒤.

3) 前方(전방) : 앞쪽.

4) 後日(후일) : 앞으로 다가올 날. 뒷날.

5) 方向(방향) : 향하는 쪽.

三 한자 생각 늘리기

▶ 한자의 활용

| 方 | ➡ 前方(전방), 後方(후방), 近方(근방) 東方(동방), 南方(남방), 方面(방면) |

▶ 서로 뜻이 맞서는 한자

前 ←→ 後   東 ←→ 西   南 ←→ 北

◑ 다음 한자(漢字)의 뜻과 음을 써 봅시다.

1. 方 (   )

2. 向 (   )

3. 面 (   )

4. 다음 그림을 보고 알맞은 한자(漢字)를 써 봅시다.

앞   ☐   뒤   ☐

5. '향하다' 라는 뜻을 가진 한자(漢字)는 어느 것인가요? 그 번호를 골라 써 봅시다.·····························(   )

① 向   ② 面   ③ 北   ④ 後

◑ 서로 뜻이 맞서는 한자(漢字)를 써 봅시다.

6. 前 ⟷ (   )   7. 東 ⟷ (   )

◑ 다음 밑줄 친 부분을 읽어 봅시다.

8. 어서 南北 통일이 되었으면 합니다. ◯◯

9. 오후에는 아버지를 따라 南山에 올라갔습니다. ◯◯

10. 우리 집 近方에 호수가 있습니다. ◯◯

◑ 아래 그림 중 앞면을 나타낸 그림은 '前'자에, 뒷면을 나타
낸 그림은 '後'자에 연결하여 봅시다.

 前

 後

◑ 다음 한자(漢字)가 어디에 숨어 있는지 찾아봅시다.

◀ 찾아야 할 한자 ▶

東　南　北　門　方　面　向　前

이 책에서
새로 배운 한자

1. 하늘과 땅

自 (자) 스스로
然 (연) 그러하다
天 (천) 하늘
地 (지) 땅
星 (성) 별
内 (내) 안
外 (외) 바깥
遠 (원) 멀다
近 (근) 가깝다
間 (간) 사이

2. 어느 정도인가요

大 (대) 크다
小 (소) 작다
多 (다) 많다
輕 (경) 가볍다
重 (중) 무겁다

高 (고) 높다
低 (저) 낮다
長 (장) 길다, 어른
短 (단) 짧다
少 (소) 적다, 젊다

3. 나의 몸

耳 (이) 귀
目 (목) 눈
口 (구) 입
鼻 (비) 코
全 (전) 온전하다
手 (수) 손
足 (족) 발
毛 (모) 털
心 (심) 마음
身 (신) 몸

4. 화목한 가족

祖	(조)	할아버지
父	(부)	아버지
母	(모)	어머니
兄	(형)	형
弟	(제)	아우
男	(남)	사내
女	(녀)	여자
子	(자)	아들
人	(인)	사람
老	(노, 로)	늙다

5. 동물 나라

牛	(우)	소
馬	(마)	말
犬	(견)	개
羊	(양)	양
鳥	(조)	새
魚	(어)	물고기
農	(농)	농사
工	(공)	장인
江	(강)	강, 물

村	(촌)	마을

6. 우리 집은 어디에

東	(동)	동녘
西	(서)	서녘
南	(남)	남녘
北	(북)	북녘
門	(문)	문
前	(전)	앞
後	(후)	뒤
方	(방)	모, 방향
向	(향)	향하다
面	(면)	낯

▪ 연구위원 ▪

· 김윤중 (일산 현산초등학교 교장)   · 양세열 (광주 효동초등학교 교장)
· 이동태 (서울 예일초등학교 교장)   · 홍진복 (서울 신사초등학교 교장)

▪ 집필위원 ▪

· 홍진복 (서울 신사초등학교 교장)   · 이동태 (서울 예일초등학교 교장)
· 홍경희 (대구 송정초등학교 교감)   · 양복실 (서울 수색초등학교 교사)
· 이영희 (한자사랑교육연구회 연구위원)

▪ 삽 화 ▪

· 김동문

초등 학교 **한자** 2 단계

2008년 1월 30일 2판 1쇄 발행
2022년 6월 30일 2판 10쇄 발행

지은이·홍진복 외 4인
발행인·김표연
펴낸곳·(주)상서각

등록·2015. 6. 10. (제25100-2015-000051호)
주소·경기도 고양시 일산동구 성현로513번길 34
전화·387-1330   FAX·356-8828